AF357159

RÉPUBLIQUE FRANÇAISE

—

MINISTÈRE DE LA GUERRE

NOTICE DESCRIPTIVE

DE

NOUVEAUX UNIFORMES

—

*(Décision ministérielle du 9 décembre 1914 mise à jour
avec le modificatif du 28 janvier 1915.)*

PARIS

HENRI CHARLES-LAVAUZELLE

Éditeur militaire

124, Boulevard Saint-Germain, 124

MÊME MAISON A LIMOGES

RÉPUBLIQUE FRANÇAISE

—

MINISTÈRE DE LA GUERRE

NOTICE DESCRIPTIVE

DE

NOUVEAUX UNIFORMES

*(Décision ministérielle du 9 décembre 1914 mise à jour
avec le modificatif du 28 janvier 1915.)*

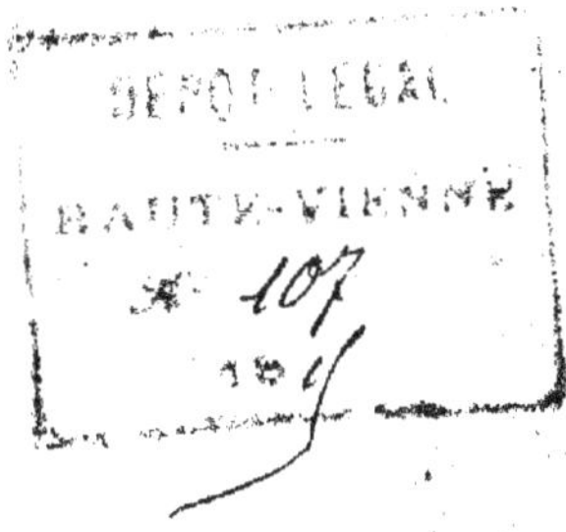

PARIS

Henri CHARLES-LAVAUZELLE

Éditeur militaire

124, Boulevard Saint-Germain, 124

MÊME MAISON A LIMOGES

RÉPUBLIQUE FRANÇAISE.

MINISTÈRE DE LA GUERRE.

NOTICE DESCRIPTIVE

DE

NOUVEAUX UNIFORMES

*(Décision ministérielle du 9 décembre 1914 mise à jour
avec le modificatif du 28 janvier 1915.)*

I. – Troupes métropolitaines et troupes coloniales.

1° HOMMES DE TROUPE.

Capote troupes à pied.

En drap bleu clair.

Du modèle simplifié ayant fait l'objet de la notice descriptive adressée par bordereau d'envoi n° 1053 5/5 du 19 septembre 1914 (1), complété comme suit :

1° *Poches arrière.* — De chaque côté de la capote, et dans le prolongement de la couture avant du chanteau, pratiquer une poche, en toile à doublure en lin, ayant 200^{mm} d'ouverture et 380^{mm} de profondeur. Cette poche, parementée d'un côté en drap du fond (largeur du parementage 50^{mm}), est arrêtée à chacune de ses extrémités par de fortes brides en fil.

2° *Martingales* (2). — Supprimer les plis du dos, et, à la hauteur des hanches, poser deux martingales en drap du fond. Ces

---

(1) Il y a lieu de considérer comme annulées les dispositions modificatives ayant fait l'objet des télégrammes des 28 octobre et 2 novembre 1914.
(2) La pose des poches arrière a nécessité également le rétablissement des martingales.

martingales sont montées en couture, retournées, piquées et solidement bridées à leurs extrémités; elles sont doublées en drap du fond et piquées deux fois à bord ouvert. La martingale gauche porte deux boutonnières faites en fil, la première commençant à environ 20^{mm} de la pointe arrondie, et l'autre à 100^{mm} environ de la même pointe. La martingale de droite porte deux boutons cousus aux places correspondantes.

Longueur de chaque martingale, environ 200^{mm}.

Largeur de chaque martingale, environ 35^{mm}.

3° *Parementages.* — Les parementages des devants pourront être en deux ou trois morceaux.

4° *Poches de portefeuille intérieures.* — Sur la doublure intérieure de chaque devant et à 30^{mm} environ de l'emmanchure, coudre une poche de portefeuille en toile de lin (ouverture : 170^{mm}; profondeur : 170^{mm}) (1).

5° *Ecussons, chiffres et soutaches.* — Poser, sur chaque angle du collet, des écussons, chiffres et soutaches de la forme et des dimensions prévues au croquis n° 1 de l'annexe n° 1 (page 13).

Manteau troupes montées.

En drap bleu clair (2).

Du modèle décrit à l'article 4 de la description des uniformes (É. M., vol. 105^1), compte tenu des modifications ayant fait l'objet de la notice adressée le 28 octobre 1914 et de celles prescrites ci-après :

a) Supprimer la rotonde;

b) Renforcer le manteau, entre la doublure et le drap, d'empiècements en drap du fond (3) posés sur les épaules, le dos et le devant jusqu'au niveau du creux de l'emmanchure; un autre empiècement recouvre le dessus des manches jusqu'à la saignée. Ces empiècements pourront être en cinq morceaux (1 dos, 2 devants, 2 dessus de manches) et être rabattus à la main ou piqués machine.

---

(1) Une de ces deux poches est destinée à contenir notamment le livret individuel de l'homme.

(2) Quand l'ordre en sera donné.

(3) Ou draps de commerce de qualité approchante.

c) Donner aux parements-bottes une hauteur apparente de 80^{mm}.

d) Coudre, sur la doublure intérieure de chaque devant, une poche de portefeuille en toile de lin (170^{mm} sur 170^{mm});

e) Poser, sur chaque angle du collet, des écussons, chiffres et soutaches de la forme et des dimensions prévues au croquis n° 2 de l'annexe n° 1 (page 13).

Vareuse toutes armes.

En drap bleu clair (1), du modèle de la vareuse-dolman des chasseurs alpins décrite à l'article 766 de la description des uniformes (vol. 105^3) compte tenu des modifications suivantes :

a) La vareuse ne sera pas doublée;

b) Le collet rabattu sera remplacé par un collet droit;

c) Les parements-bottes des manches seront supprimés;

d) Le devant droit portera cinq boutons, au lieu de sept;

e) Une poche de portefeuille en toile de coton sera cousue sur chaque devant;

f) Le parementage en drap appliqué sur chaque épaule sera supprimé, ainsi que le bourrelet et le parementage du bas;

g) Les vareuses des troupes montées ne comporteront pas de pattes de ceinturon;

h) Une fente analogue à celle du côté gauche sera pratiquée sur le côté droit;

i) Des brides d'épaules en drap du fond (largeur 20^{mm}, longueur 100^{mm}) seront cousues sur les vareuses des cuirassiers pour permettre d'assujettir des pattes d'épaule, en remplacement des épaulettes supprimées.

---

(1) Quand l'ordre en sera donné.

Nouv. unif. 1.

Accessoires spéciaux d'effets pour cuirassiers.

Cuirasse. — Du modèle actuel.

Cache-cuirasse. — En toile de nuance bleu clair.

Matelassure. — En drap bleu clair pour les parties visibles.

Patte d'épaule. — Elle se compose de deux bandes de drap bleu clair (un dessus mesurant 150^{mm} et un dessous mesurant 500^{mm}) arrondies aux extrémités. Ces deux bandes sont assemblées l'une sur l'autre, sur une longueur de 150^{mm} à partir de l'extrémité arrondie, et au moyen de deux piqûres sur les bords; puis l'intervalle entre les deux bandes est rempli de ouate ou de filasse; l'extrémité libre de la bande du dessous de cet assemblage est ensuite roulée sur elle-même pour former un bourrelet, de 25^{mm} de diamètre environ, solidement arrêté sur la bande du dessus; enfin, à 20^{mm} environ des extrémités arrondies de la patte, est percée une boutonnière, faite en fil, destinée à s'adapter à un petit bouton cousu sur la vareuse à 30^{mm} environ de l'encolure.

Les dimensions de la patte confectionnée sont les suivantes :

Longueur apparente du dessus et du dessous (de l'arrêt du bourrelet à l'extrémité arrondie de la patte). 140^{mm}
Largeur du bourrelet. . . . . 80^{mm}
Largeur de la patte, à 20^{mm} de la pointe arrondie. . . . . . 55^{mm}

i) Des écussons, chiffres et soutaches, de la forme et des dimensions prévues au croquis n° 1 de l'annexe n° 1 (page 13) seront posés sur chaque angle du collet.

Pantalon-culotte, troupes à pied.

En drap bleu clair (1), du modèle de la culotte décrite à l'article 3 de la description des uniformes (*B. O.*, É. M., vol. 105¹), mais sans manchettes rapportées; ni bandes, ni passepoils.

L'ouverture du bas est formée par une interruption de la couture de côté, sur une longueur d'environ 190^{mm}, et d'un parementage (largeur 35^{mm}) pris en couture sur le derrière de la cu-

____

(1) Quand l'ordre en sera donné.

lotte. Cette ouverture se ferme, dans le bas, au moyen de deux rubans de fil, d'une longueur de 400^{mm} environ, fixés solidement.

Des hausses à la ceinture et des pointes à l'enfourchure seront admises.

Le pantalon-culotte est doublé en toile de coton et dans les mêmes conditions que le pantalon d'ordonnance d'infanterie.

Largeur du pantalon-culotte taille moyenne (plié en deux et à plat)	vis-à-vis de l'enfourchure.	400^{mm}
	à égale distance, entre l'enfourchure et le bas.	260^{mm}
	au bas.	180^{mm}
Hauteur de la ceinture	devant.	70^{mm}
	sur les côtés.	60^{mm}
	derrière.	45^{mm}

Culotte des troupes montées.

En drap bleu clair (1), du modèle décrit à l'article 3 *bis* du volume 105^1 (fascicule 3, page 4). Ni bandes, ni passepoils.

Képi toutes armes.

En drap bleu clair, du modèle simplifié décrit à la notice adressée le 27 septembre 1914. Le renfoncement du calot sera supprimé : le dessus affleurera les bords supérieurs du turban. Les ventouses et boutons seront de la nuance du drap. Ni passepoils, ni écusson, ni numéros.

Hauteur sur le devant : 80^{mm}; hauteur sur le derrière : 115^{mm}. Diamètre du calot : 145.

Coiffures spéciales de la cavalerie et de la gendarmerie.

Casques et crinières, shakos, casquettes : des modèles actuels.
Les couvre-casques, couvre-shakos et couvre-casquettes seront en toile de nuance bleu clair.

Bandes molletières.

En drap bleu clair ou de nuance neutre. Du modèle décrit à l'article 52 de la description des uniformes (É. M., vol. 105^1).

____

(1) Quand l'ordre en sera donné.

Equipement et jambières.

En cuir fauve. Toile nuance gris-vert pour le havresac.

2° OFFICIERS.

Officiers non montés. — Capote.

En drap bleu clair.

Du modèle de la troupe, à modifier comme suit :

1° *Poches.* — Supprimer les poches de derrière en toile de lin.

2° *Poches de devant.* — Sur chaque devant, à la hauteur de la dernière boutonnière, et à 170^{mm} du bord du devant, appliquer une poche en drap du fond rempliée et piquée à cordon tout autour (profondeur : 200^{mm}; largeur : 200^{mm}). A 20^{mm} au-dessus de l'ouverture de cette poche, appliquer également une patte de fermeture en drap du fond (longueur : 215^{mm}; hauteur : 70^{mm}), pourvue en son milieu d'une boutonnière, avec bouton correspondant cousu sur la poche.
Cette patte, non doublée, est rempliée et piquée deux fois.

3° *Fente du dos.* — Dans le pli du drap formant le milieu du dos, pratiquer à partir du bas de la jupe une fente ayant 450^{mm} environ de hauteur, le côté gauche parementé sur une largeur de 45^{mm} et muni de deux boutonnières, la première à 180^{mm} et la seconde à 350^{mm} du bas, le côté droit prolongé au moyen d'un parementage en drap du fond de 45^{mm} de largeur et muni de deux boutons correspondant aux boutonnières du côté gauche, le haut arrêté solidement par une double piqûre.

4° *Fente de côté.* — Pratiquer, à 415^{mm} du devant gauche et à 240^{mm} environ de la couture d'emmanchure, une fente verticale ayant 150^{mm} d'ouverture. Cette ouverture est parementée en drap, piquée à bords ouverts et solidement bridée à ses extrémités.

5° *Chanteaux ou soufflets.* — La base du chanteau, mesurée en ligne droite, aura 310^{mm} environ, au maximum.

Officiers montés.

Manteau. — En drap bleu clair du modèle de la troupe.

Officiers de toutes armes et de tous services.

Vareuse. — En drap bleu clair du modèle prescrit par la circulaire ministérielle du 8 octobre 1913 (*B. O.*, p. 1245).

Pantalon et culotte. — En drap bleu clair. Des modèles décrits aux articles 16 et 17 de la description des uniformes (É. M., vol. 104), avec passepoils des nuances indiquées aux tableaux ci-annexés.

Bandes molletières. — Du modèle de la troupe, en drap bleu clair ou de nuance neutre.

Képi. — En drap bleu clair, du modèle de la troupe.

Officiers généraux.

Tenue en drap bleu clair; manteau et vareuse identiques à ceux des autres officiers. Pantalon et culotte à double bande bleu foncé et passepoil en drap de même nuance. Képi en drap bleu clair, du modèle décrit ci-dessus.

Même tenue pour les officiers des différents services, ayant rang d'officier général.

II. — Troupes d'Afrique.

1° HOMMES DE TROUPE.

Capote troupes à pied et manteau troupes montées. — En drap bleu clair. Des modèles des troupes métropolitaines.

Vareuse. — En drap kaki. Du modèle des troupes métropolitaines (1).

Culotte des troupes à pied. — En drap kaki. Du modèle ayant fait l'objet de la notice descriptive adressée le 5 octobre 1914, n° 2501 5/5.

---

(1) Les ceintures de laine spéciales aux troupes d'Afrique devront être portées en campagne sous la vareuse.

Culottes des troupes montées. — En drap kaki. Du modèle décrit à l'article 3 de la description des uniformes (É. M., vol. 105¹); ni bandes, ni passepoils.

Chéchia. — De nuance rouge. Du modèle décrit à l'article 147 de la description des uniformes (vol. 105¹) (1).

Cravate. — Du modèle décrit à l'article 74 du *B. O.*, É. M., vol. 105¹, mais, de préférence, de nuance kaki.

2° OFFICIERS.

Capote ou manteau. — En drap bleu clair. Du modèle des troupes métropolitaines.

Vareuse. — En drap kaki. Du modèle des troupes métropolitaines.

Culottes. — En drap kaki. Des modèles de la troupe, avec passepoils des nuances indiquées aux tableaux ci-annexés.

Képi. — En drap bleu clair (2). Du modèle des troupes métropolitaines.

III. — Armée territoriale et réserve de l'armée territoriale.

Même tenue que celle prévue ci-dessus; écussons des nuances indiquées à l'annexe n° 2; chiffres en drap blanc blanchi pour les hommes de troupe.

---

(1) Pour diminuer la visibilité de cet effet, les troupes d'Afrique seront munies, en campagne, de deux couvre-chéchias (ou couvre-chèches pour les spahis), l'un de toile bleu clair pour être porté en même temps que la capote, l'autre de toile kaki pour être porté quand la tenue est en vareuse.

(2) Avec couvre-képi en toile kaki, en campagne, lorsque la tenue ne comporte pas le port de la capote en drap bleu clair.

ANNEXE No 1.

Galons de grade.

1° Officiers généraux.

Généraux de brigade. — Deux étoiles en or, sur les manches et sur le képi.

Généraux de division. — Trois étoiles en or, sur les manches et sur le képi.

Généraux de division ayant rang de commandant de corps d'armée. — Mêmes insignes que les divisionnaires, complétés par le galon d'argent actuel.

Officiers des services ayant rang d'officier général. — Etoiles en argent sur les manches et sur le képi. Ecusson et insigne du service sur le collet.

2° Officiers des troupes et des états-majors.

Galons or de 6^{mm} environ de largeur.

Ces galons, d'une longueur de 35^{mm}, sont placés horizontalement les uns au-dessus des autres sur le milieu du côté extérieur de chaque manche (capote-manteau-vareuse), le premier à 100^{mm} du bord. Ils sont espacés entre eux de 3^{mm}, les 3e et 4e de 12^{mm}. Lieutenants-colonels : 2e et 4e galons en argent.

3° Officiers des services.

Galons argent de 6^{mm} environ de largeur disposés comme il est indiqué ci-dessus (1). Officiers ayant rang de lieutenant-colonel : 2e et 4e galons en or.

---

(1) Sur le devant du manteau (ou de la capote) des officiers du service de santé sera cousu un insigne de neutralité consistant en un carré d'étoffe à fond blanc, de 40^{mm} de côté, sur lequel sera disposée la croix rouge de Genève.

4° Adjudants-chefs et adjudants.

Adjudants-chefs. — Galon de 6^{mm} environ de largeur, en or pour les corps de troupe, en argent pour les services.

Adjudants. — Galon de 6^{mm} environ de largeur (en or pour les corps de troupe, en argent pour les services) mélangé d'un tiers de soie rouge.

Ces galons sont disposés sur les manches comme ceux des sous-officiers autres que les aspirants.

5° Aspirants.

Même galon que celui des adjudants, disposé en V renversé (ouverture de l'angle, 90°; écartement aux extrémités, 35^{mm}).

6° Sous-officiers autres que les adjudants.

Galons lézardes de 12^{mm} de largeur et 35^{mm} de longueur, en or pour les corps de troupe, en argent pour les services, placés obliquement sur le milieu extérieur de chaque manche.

7° Caporaux et soldats de 1re classe.

Galons cul-de-dé, en laine ou coton bleu foncé, de 12^{mm} de largeur et de 35^{mm} de longueur, placés obliquement sur le milieu extérieur de chaque manche.

8° Tambours-majors, trompettes, tambours et clairons.

Galons spéciaux actuels de 35^{mm} de longueur, placés horizontalement sur le milieu de la face extérieure de chaque manche et à 80^{mm} du bord.

9° Personnels des sections de chemin de fer de campagne.

Galons et insignes actuels, disposés comme il est indiqué aux paragraphes ci-dessus.

Écussons, chiffres et soutaches.

a) *Écussons et chiffres*. — Pour les capotes et vareuses, forme du croquis n° 1, ci-contre (sans accolade pour les capotes); nuances indiquées aux tableaux de l'annexe n° 2.

Dimensions.

Ecussons.	Longueur (maxima).	60^{mm}
	Largeur (maxima).	30^{mm}
Chiffres..	Hauteur.	20^{mm}

Pour les manteaux des troupes montées forme triangulaire du croquis n° 2 ci-contre. Dimensions base : 90^{mm}; hauteur. 50^{mm}. Mêmes nuances que ci-dessus.

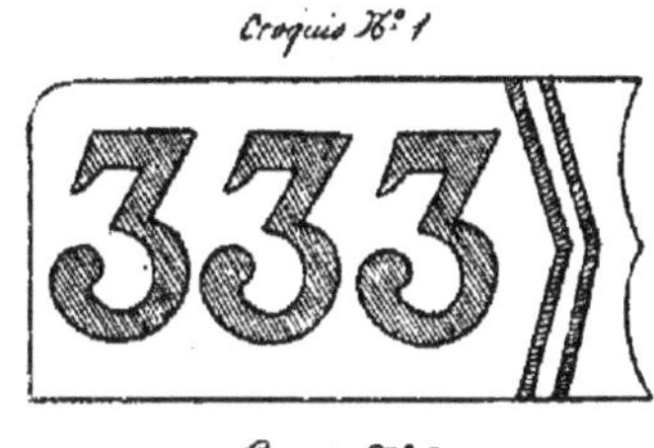

Croquis N° 1

Croquis N° 2

b) *Soutaches*. — Soutaches en laine ou coton, distinctives des subdivisions d'armes, largeur 2^{mm},5 (officiers et troupe).

Boutons.

A queue, très solides, de nuance gris terne ou bleu clair (ou kaki pour les vareuses des troupes d'Afrique), mats, en **deux dimensions** (17 et 22^{mm}); en métal (1), corrozo ou autres matières analogues.

______

(1) Avec ou sans insignes.

ANNEXE No 2.

Nuances des passepoils, écussons, soutaches et chiffres.

DÉSIGNATION DES CORPS DE TROUPE.	PASSEPOILS EN DRAP des pantalons et culottes (officiers).	ÉCUSSONS (officiers et troupe).	SOUTACHES EN LAINE ou coton (officiers et troupe).	CHIFFRES.		
				OFFICIERS.	SOUS-OFFICIERS. (1)	TROUPE.
	2	3	4	5	6	7
I. — INFANTERIE.						
Infanterie de ligne...............	Jonquille.	Drap du fond.	Bleu foncé.	Or.	Argent.	Bleu foncé.
Chasseurs à pied et Alpins (2)...........	»	»	»	»	»	»
Zouaves................	Jonquille.	Drap du fond.	Garance.	Or.	Argent.	Garance.
Tirailleurs................	Id.	Id.	Bleu ciel.	Or.	Argent.	Bleu ciel.
Infanterie légère d'Afrique........	Id.	Id.	Violet.	Or.	Argent.	Violet.
Légion étrangère..............	Id.	Id.	Vert.	Or.	Argent.	Vert.
Infanterie coloniale (3).............	Id.	Id.	Ecarlate.	Or.	Argent.	Ecarlate.
Commis et Ouvriers...........	»	Garance.	»	»	Argent.	Bleu clair.
Infirmiers................	»	Id.	»	»	Argent.	Bleu clair.
II. — CAVALERIE.						
Cuirassiers................	Bleu foncé.	Bleu foncé.	Garance.	Or.	Argent.	Garance.
Dragons................	Id.	Id.	Blanches.	Or.	Argent.	Blanc.
Chasseurs................	Id.	Id.	Vert.	Or.	Argent.	Vert.
Hussards................	Id.	Id.	Bleu ciel.	Or.	Argent.	Bleu ciel.
Cavaliers de remonte....	Id.	Id.	Noir.	Or.	Argent.	Noir.
Chasseurs d'Afrique...........	Id.	Id.	Jonquille.	Or.	Argent.	Jonquille.
Spahis................	Id.	Id.	Id.	Or.	Argent.	Jonquille.

III. — ARTILLERIE.						
Artillerie de campagne (4)	Ecarlate.	Écarlate.	Bleu clair.	Or.	Argent.	Bleu clair.
Artillerie à pied (4)	Id.	Id.	Vert.	Or.	Argent.	Vert.
Artillerie à cheval	Id.	Id.	Bleu foncé.	Or.	Argent.	Bleu foncé.
Artillerie lourde	Id.	Id.	Gris cendré.	Or.	Argent.	Gris cendré.
Artillerie de montagne (4)	Id.	Id.	Blanches.	Or.	Argent.	Blanc.
Artillerie coloniale (5)	Id.	Drap du fond.	Ecarlate.	Or.	Argent.	Ecarlate.
IV. — GÉNIE	Noir.	Velours noir.	Ecarlate.	Or.	Argent.	Ecarlate.
V. — TRAIN	Vert.	Vert.	»	Or.	Argent.	Garance.
VI. — GENDARMERIE	Blanc.	Ecussons noirs avec grenades : or pour les officiers, argent pour les sous-officiers, blanches pour les gendarmes.				
VII. — OFFICIERS DES DIFFÉRENTS SERVICES.						
Officiers d'administration du service d'état-major et de recrutement	Gris de fer bleuté.	Drap gris de fer bleuté.	Insignes actuels en argent.			
Officiers d'administration du service du génie	Noir.	Velours noir drap.				
Officiers d'admin\stration du service de l'artillerie	Ecarlate.	Écarlate.				
Officiers du corps et du service de l'intendance	Gris.	Velours gris.				

(1) Dans le cas exceptionnel où les chiffres en métal argenté feraient défaut, il conviendrait d'utiliser les chiffres en drap de la troupe.

(2) Uniforme actuel, c'est-à-dire : capote et vareuse en drap gris de fer bleuté (ou autre drap de nuance approchante), avec écussons en drap du fond et chiffres jonquille ; — pantalon-culotte (nouveau modèle) en drap gris de fer foncé (ou autre drap de nuance approchante) avec passepoil jonquille pour les officiers ; — képi gris de fer bleuté, chiffres jonquille ; — le manteau actuel des chasseurs alpins sera remplacé par la capote. — Equipement cuir noir.

(3) Les troupes de l'infanterie coloniale porteront le paletot de molleton (ou autre tissu de genre approchant) de la nuance bleu clair, du modèle actuellement en usage. En outre, le képi comportera, sur le devant, l'ancre actuelle, en or pour les officiers, en argent pour les sous-officiers et en drap écarlate pour la troupe.

(4) Artillerie d'Afrique : soutaches et chiffres (troupe) de mêmes nuances, le nombre des soutaches étant porté à trois.

(5) Les troupes de l'artillerie coloniale porteront le paletot de molleton (ou autre tissu de genre approchant) de la nuance bleu clair, du modèle actuellement en usage. En outre, le képi comportera, sur le devant, l'ancre actuelle, en or pour les officiers, en argent pour les sous officiers et en drap écarlate pour la troupe.

DÉSIGNATION DES CORPS DE TROUPE.	PASSEPOILS EN DRAP des pantalons et culottes (officiers). 2	ÉCUSSONS (officiers et troupe). 3	SOUTACHES EN LAINE ou coton (officiers et troupe). 4	CHIFFRES.		
				OFFICIERS. 5	SOUS-OFFICIERS. (1) 6	TROUPE. 7
VII. — OFFICIERS DES DIFFÉRENTS SERVICES. (*Suite.*)						
Médecins et officiers d'administration du service de santé............	Garance.	Velours cramoisi.				
Pharmaciens........................	Vert.	Velours vert.		Insignes actuels en argent.		
Vétérinaires........................	Garance.	Velours grenat.				
Interprètes militaires	Bleu ciel.	Velours outre-mer.				
Personnel du service de la justice militaire	Noir.	Velours noir.				
VIII. — OFFICIERS SANS TROUPE.....	Grenade en or à la place du numéro sur l'écusson.					
IX. — OFFICIERS D'ÉTAT-MAJOR....	Foudres en or à la place du numéro sur l'écusson.					
X. — AÉRONAUTIQUE.						
a) Aérostation......................	Orangé.	Noir.	Orangé.	Or.	Argent.	Orangé.
b) Aviation........................	Orangé.	Orangé.	Noir.	Or.	Argent.	Noir.
XI. — PERSONNEL DÉTACHÉ DANS L'AÉRONAUTIQUE..........	*a*) Aviateurs militaires et pilotes de dirigeables brevetés : insignes spéciaux à la place des numéros sur les écussons. *b*) Non brevetés : grenades à la place des numéros sur les écussons.					
XII. — SECTION DE CHEMIN DE FER DE CAMPAGNE............	Drap du fond	Drap du fond.	»	Or.	Argent.	Ecarlate.

(1) Dans le cas exceptionnel où les chiffres en métal argenté feraient défaut, il conviendrait d'utiliser les chiffres en drap de la troupe.

ANNEXE N° 3.

États de pointures.

Capote. — Se reporter à l'annexe n° 2 de la notice descriptive adressée le 27 septembre 1914.

Manteau. — Se reporter au tableau de pointures annexé au cahier des charges spéciales du 25 juillet 1912 (pages 52 et 53).

Vareuse. — Se reporter au tableau de pointures des tuniques, vestes, etc., annexé au cahier des charges spéciales du 25 juillet 1912 (pages 54 et 55).

Pantalon-culotte et culotte. — Se reporter à l'état des pointures des pantalons et culottes annexé au cahier des charges du 25 juillet 1912 (pages 56 et 57) modifié comme suit :

La longueur d'entre-jambes du pantalon-culotte est inférieure de 10 centimètres à la mesure de l'homme.

Képi. — Se reporter à l'annexe n° 4 de la notice descriptive adressée le 27 septembre 1914.

Chéchia. — Tours de tête variant de $0^m,48$ à $0^m,63$.

Bordeaux, le 9 décembre 1914.

A. MILLERAND.

ANNEXE N° 4.

Allocations de matières premières et prix de base de confection pour les nouveaux uniformes.

I. — ALLOCATION DE MATIÈRES PREMIÈRES A DÉLIVRER AUX ENTREPRENEURS POUR LA CONFECTION DES EFFETS EN DRAP DE $1^m,40$ (1).

a) Capote troupes à pied.

Drap du fond en $1^m,40$. — Par subdivision, $0^m,04$ de plus que les allocations prévues à la notice descriptive du 27 octobre 1914.

---

(1) Pour des draps ou des velours de largeurs autres que $1^m,40$ et $0^m,70$, le directeur de l'intendance de la région intéressée déterminera les allocations des matières premières.

Toile à doublure en lin en 1 mètre. — $2^m,15$ (allocation moyenne unique).

b) Capote officiers.

Drap du fond en $1^m,40$. — Par subdivision, $0^m,15$ de plus que les allocations prévues à la notice descriptive visée ci-dessus.

Toile à doublure en lin en 1 mètre. — $2^m,15$ (allocation moyenne unique).

c) Manteau des troupes montées.

Drap du fond en $1^m,40$. — Par subdivision, $0^m,55$ de moins que les allocations prévues aux pages 70 et 71 du cahier des charges du 25 juillet 1912.

Toile à doublure en lin en 1 mètre. — $1^m,80$ (allocation moyenne unique).

d) Vareuse toutes armes.

Drap du fond en $1^m,40$. — Par subdivision, $0^m,02$ de moins que les allocations prévues aux pages 92 et 93 du cahier des charges du 25 juillet 1912.

Toile à doublure en coton. — $0^m,07$ (allocation moyenne unique).

Pattes d'épaules pour vareuses de cuirassiers. — Drap du fond en $1^m,40$: $0^m,08$ par paire.

e) Pantalon-culotte.

Drap du fond en $1^m,40$. — Par subdivision, $0^m,03$ de moins que les allocations prévues aux pages 96 et 97 du cahier des charges du 25 juillet 1912.

Toile à doublure en coton en 1 mètre. — $0^m,60$ (allocation moyenne unique).

f) Culotte des troupes montées.

Allocations prévues aux pages 102 et 103 (§ 2°) du cahier des charges du 25 juillet 1912.

g) Képi.

Drap du fond en 1ᵐ,40. — Allocations de 0ᵐ,08, prévues à la page 114 du cahier des charges du 25 juillet 1912.

h) Écussons et chiffres.

Écussons. — Capotes et vareuses : allocation de drap en 1ᵐ,40, 0ᵐ,003 par paire; allocation de velours en 0ᵐ,50, 0ᵐ015 par paire; manteaux : allocation de velours en 0ᵐ,50, 0ᵐ005 par paire.

Chiffres. — A 1 chiffre, 0ᵐᵐ,5; à 2 chiffres, 1ᵐᵐ; à 3 chiffres, 1ᵐᵐ,5.

Soutaches. — Capote et vareuse . 0ᵐ,20 (par paire d'écussons); manteau : 0ᵐ,28 (par paire d'écussons).

II. — ALLOCATION DE VELOURS OU DE DRAP EN 0ᵐ,70 (1) POUR LA CONFECTION DES VAREUSES ET DES PANTALONS-CULOTTES.

Vareuses. — 0ᵐ,24 de plus par vareuse que les allocations prévues au paragraphe *d* ci-dessus.

Pantalons-culottes et culottes. — Le double des allocations prévues aux paragraphes *e* et *f* ci-dessus, plus 0ᵐ,20.

III. — ALLOCATIONS POUR GENOUILLÈRES.

Il sera alloué aux entrepreneurs pour la pose des genouillères en drap des pantalons, savoir :

Drap du fond en 1ᵐ,40 : 0ᵐ,11 par pantalon;
Velours en 0ᵐ.70 : 0ᵐ,24 par pantalon.

IV. — Prix de base de confection des effets.

Capotes troupes à pied.................................... 4 50
Manteau troupes montées. 5 10

Vareuses toutes armes :
    En drap. 3 20
    En velours. 3 30

Pattes d'épaules pour vareuse de cuirassiers (par paire) :
    Main-d'œuvre civile. 0 38
    Main-d'œuvre militaire. 0 13

Pantalon-culotte troupes à pied........................... 2 »
    (Y compris la pose des genouillères.)

Culotte des troupes montées avec basanage en drap ou en
    velours. 3 80

Képi toutes armes. 1 50

Bordeaux, le 12 décembre 1914.

Pour le Ministre et par son ordre :

Le Directeur de l'Intendance,
Defait.

ANNEXE N° 5.

Prix de base de confection et de pose des écussons sur les collets des manteaux, capotes et vareuses.

I. — Prix de base de confection.

a) *Ecussons en drap pour collets de capotes et vareuses.*

à 1 chiffre.... en drap........... 11 fr. » le cent.
                 en métal argenté.. 14 fr. 25   —
à 2 chiffres... en drap........... 17 fr. »   —
                 en métal argenté.. 23 fr. 50   —
à 3 chiffres... en drap........... 22 fr. »   —
                 en métal argenté.. 31 fr. 75   —

Y compris la fourniture de la soutache en laine ou coton.

b) *Ecussons en drap pour collets de manteaux.*

à 1 chiffre ... en drap........... 12 fr. » le cent.
                 en métal argenté.. 15 fr. 25   —
à 2 chiffres... en drap........... 18 fr. »   —
                 en métal argenté.. 24 fr. 50   —

Y compris la fourniture de la soutache en laine ou coton.

c) *Ecussons en velours pour collets de capotes et vareuses.*

à 1 chiffre.... en drap........... 26 fr. » le cent,
                 en métal argenté.. 29 fr. 25   —
à 2 chiffres... en drap........... 30 fr. »   —
                 en métal argenté . 36 fr. 25   —

Y compris la fourniture de la soutache en laine ou coton et de velours.

II. — Prix de pose des écussons sur les collets.

Ecussons des collets des manteaux, capotes ou vareuses : 4 francs le cent.

Paris, le 28 janvier 1915.

Décision du Ministre de la guerre.

Signé : MILLERAND.

Paris et Limoges. — Imprimerie militaire CHARLES-LAVAUZELLE.

Librairie militaire CHARLES-LAVAUZELLE

PARIS, 124, Boulevard St-Germain, et LIMOGES

Ce qu'il faut savoir de l'armée allemande. (12e édition, 1914.) In-12 de 130 pages, avec nombreuses vignettes, 12 planches en couleurs et 1 carte en couleurs hors texte, cartonné.................. 2 50

Petit guide Français-Allemand *à l'usage du soldat français.* » 30

Prince DE BULOW. — **La politique allemande.** Traduit par M. HERBETTE, ministre plénipotentiaire. In-8º de 320 pages............. 10 »

LUCIEN CORNET, sénateur. — **1914-1915 : Histoire de la guerre.** TOME Ier. Volume in-8º de 380 pages........................... 5 »

Général de division E. DUBOIS. — **Considérations sur la guerre de 1914-1915.** Brochure in-8º.............................. 1 »

PIERRE DAUZET. — **La guerre de 1914-1915 : De Liége à la Marne,** avec une préface de M. G. HANOTAUX, de l'Académie française. Brochure in-8º, avec un croquis dans le texte et une carte en couleurs (56×76) du théâtre des opérations et de la situation successive des armées. 2 50

Capitaine DE SÉZILLE. — **Conseils pratiques aux cadres de cavalerie (Guerre de 1914).** *Résumé des procédés nouveaux imposés par la guerre actuelle d'après l'expérience de cinq mois de campagne.* Brochure in-18 de 44 pages............................... 1 50

Commandant DE CIVRIEUX. — **Le Germanisme encerclé.** In-18 de 118 pages, broché.. 1 50

L. H. T. — **La guerre contre l'Allemagne.** *Etude stratégique à l'usage des gens du monde.* In-12 de 144 pages, broché........ 2 »

Lieutenant RAFFENEL. — **L'armée anglaise.** *Son organisation et sa tactique.* In-8º de 174 pages, broché...................... 2 50

Général ZURLINDEN, ancien ministre de la guerre. — **Anglais et Français.** *Les Anglais au combat, Fontenoy, Ligny et Waterloo.* Grand in-8º de 154 pages, broché................................ 3 50

Dr J. AUBŒUF. — **Français et Allemands.** *L'alliance franco-russe et l'Allemagne.* Etude démographique et militaire des populations actuelles de la France et de l'Allemagne. In-8º de 122 pages, broché. 2 »

Capitaine BERNARD SERRIGNY, breveté d'état-major. — **La guerre et le mouvement économique.** *Leurs relations et leurs actions réciproques.* In-18 de 222 pages, broché....................... 3 50

H. GUILLEMAIN. — **A la Frontière.** *Carnet de campagne d'un élève caporal du 35e régiment d'infanterie.* (3e édition.) Préface du colonel DE MAUD'HUY. In-18 de 234 pages, avec 5 croquis dans le texte et une carte hors texte, broché...................... 2 50

Guerre de 1914-1915 : Carte du théâtre des opérations *(front occidental),* à l'échelle du 1/500.000e. 15 feuilles, avec répertoire alphabétique très complet de toutes les localités rendant les recherches extrêmement faciles, grâce à un ingénieux système de repérage, renfermées dans un étui solide................................... 4 »